ÉVASION

Une collection idéale pour explorer le monde sans quitter votre salon et sans impact carbone.

Cette collection est une invitation au voyage, à la découverte et à la balade. Elle vous offre un pur moment de déconnexion et de détente en vous permettant de vous évader de votre quotidien et de vous soustraire à son stress.

Tel un globe-trotteur, choisissez votre destination, puis laissez-vous guider par les 45 illustrations inédites créées par l'artiste pour explorer un pays ou une région.

Au fil de ces pages, laissez-vous surprendre par des paysages grandioses, des villes, une culture et un patrimoine ; découvrez les lieux emblématiques ou insolites qui en font sa renommée. Les dessins sont précis, les perspectives variées, les détails soignés.

Les plus beaux panoramas n'attendent que vous pour retrouver toutes leurs couleurs. À vous de choisir les teintes et les nuances pour leur donner vie et révéler leurs charmes. Créez vos propres palettes pour composer vos tableaux et capturer la magie de l'instant. Laissez parler votre imagination et vagabonder votre créativité.

Évadez-vous et laissez-vous transporter le temps d'une pause colorée.

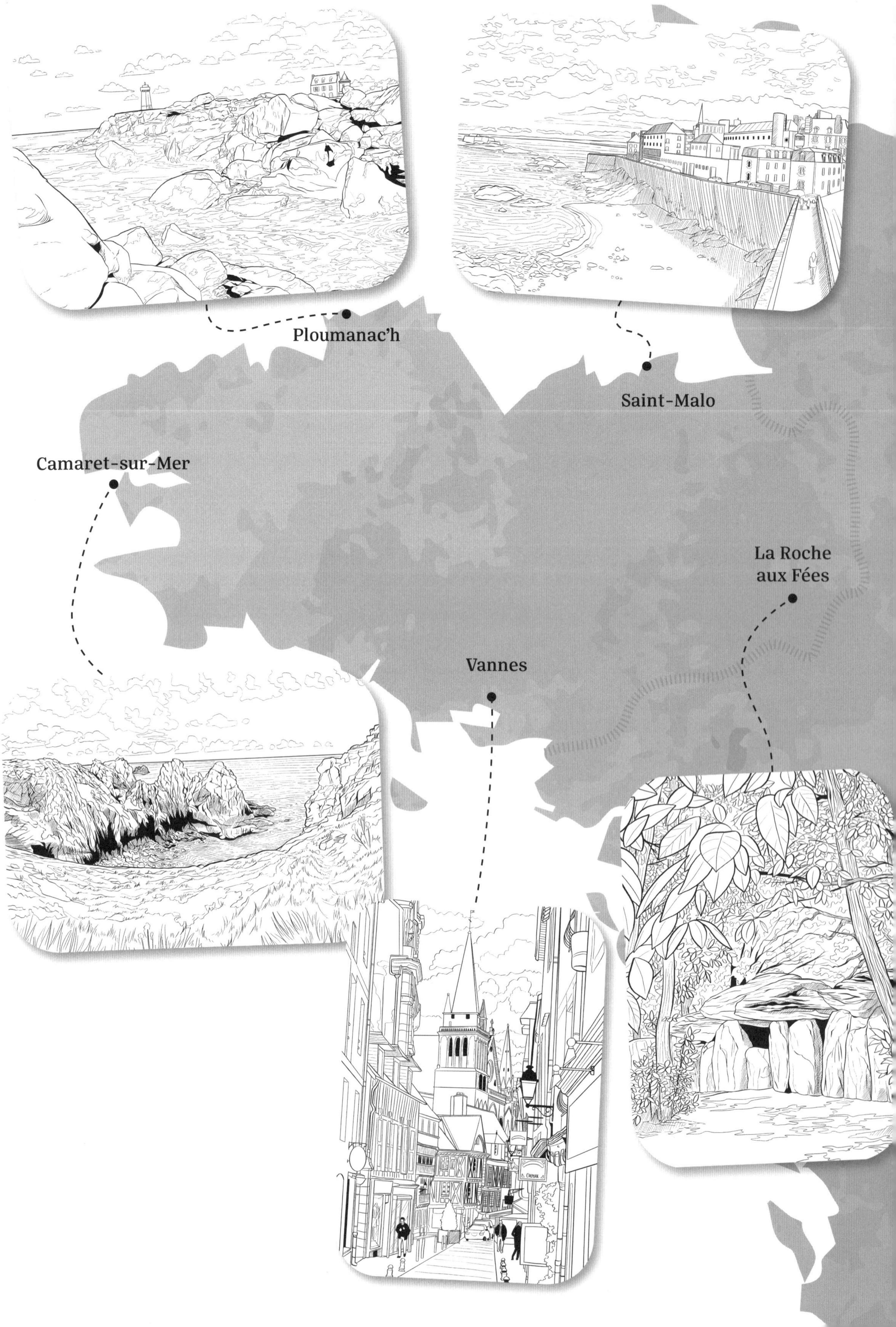
Ploumanac'h
Saint-Malo
Camaret-sur-Mer
La Roche
aux Fées
Vannes

ART THÉRAPIE

Évasion BRETAGNE

Illustrations

Capucine Sivignon

hachette HEROES

DIRECTION :
Catherine Saunier-Talec

DIRECTEUR DE PROJET :
Timothée Le Mière

DIRECTRICE ARTISTIQUE :
Mélissande Mestas

RESPONSABLE DE PROJET :
Mona Chardin

SUIVI ÉDITORIAL ET RÉALISATION INTÉRIEURE :
SKGD-Création

FABRICATION :
Grégory Morin

Dépôt légal : mars 2024
22-8210-0/01
ISBN : 978-2-01-725701-1
Imprimé en Chine par Toppan

PAPIER CERTIFIÉ

LA BRETAGNE

En Bretagne, la nature se donne en spectacle. Côté mer d'abord, avec des centaines de kilomètres de littoral où défilent des rochers taillés en dentelle par les puissants assauts marins, des falaises vertigineuses, des îles, des caps hérissés, des pointes granitiques, des rubans de sable ou encore des criques secrètes. Un rivage imprévisible dont les amateurs de balades, de sports nautiques, de pêche aux crustacés ou de farniente ne perdront pas une miette. Côté terre ensuite, avec le relief érodé du Massif armoricain, les landes et les forêts mystérieuses. Et les deux se rejoignent parfois au rythme de la mer dans les marais salants.

Ce tableau naturel abrite de fières cités corsaires et leurs remparts, de charmantes villes médiévales, d'élégantes stations balnéaires, des ports pittoresques, des phares mythiques, des legs architecturaux et historiques parmi églises, maisons à pans de bois, forteresses et vieux gréements.

Sur ce territoire, les traces de l'histoire remontent au Néolithique, avec les menhirs, et aux récits mythologiques, qui ont trouvé racine dans l'énigmatique forêt de Brocéliande, berceau des légendes arthuriennes, peuplée de fées et d'enchanteurs abrités par des arbres remarquables.

Ce patrimoine d'exception rencontre ici une vitalité culturelle plurielle où se côtoient un folklore traditionnel fort, avec ses centaines de fest-noz par an, et une scène contemporaine artistique riche, qui mobilise autour d'événements majeurs où l'on prend plaisir à être ensemble, à se retrouver. Sur les grandes tablées s'étalent les produits de la pêche du jour, le beurre salé, les crêpes et le cidre...

La Bretagne, c'est une région de caractère à l'extraordinaire personnalité voyageuse, magique, festive, résolument inspirante.

Crêperie

ELAN
VAL

CRÊPERIE

Nils
Sacha
Clémence
Philippe
Nolwenn

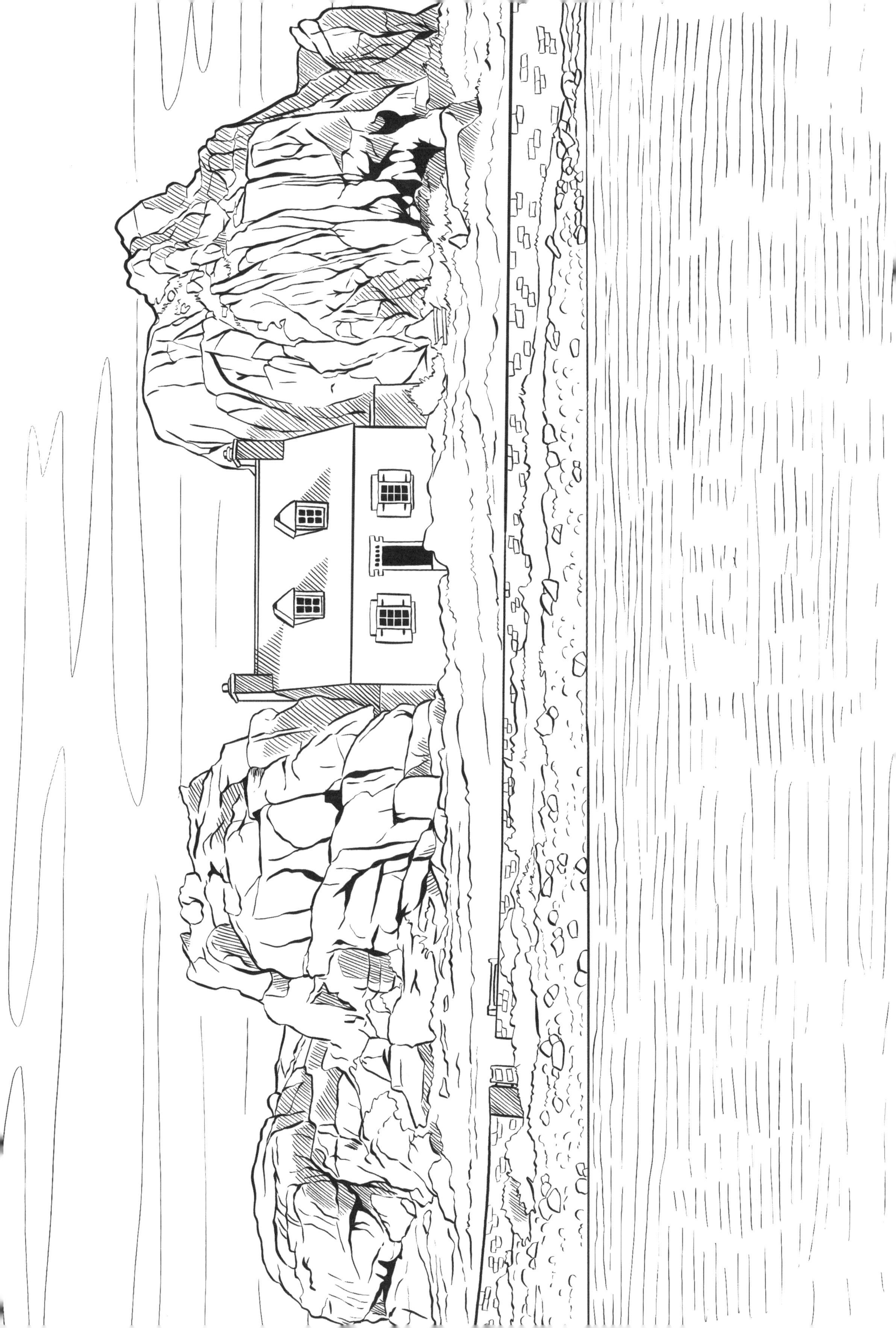

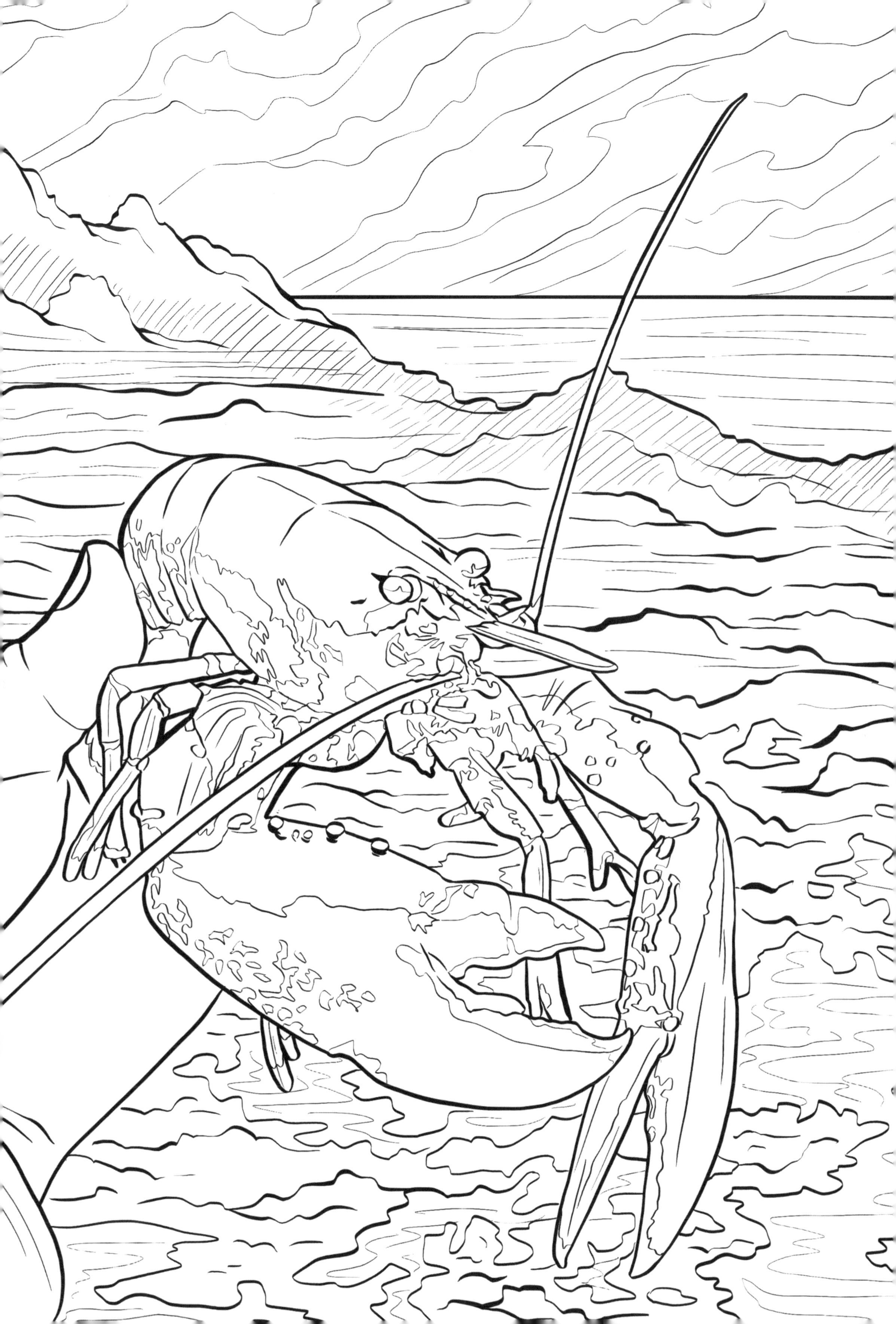

CIDRE

CC 001 100

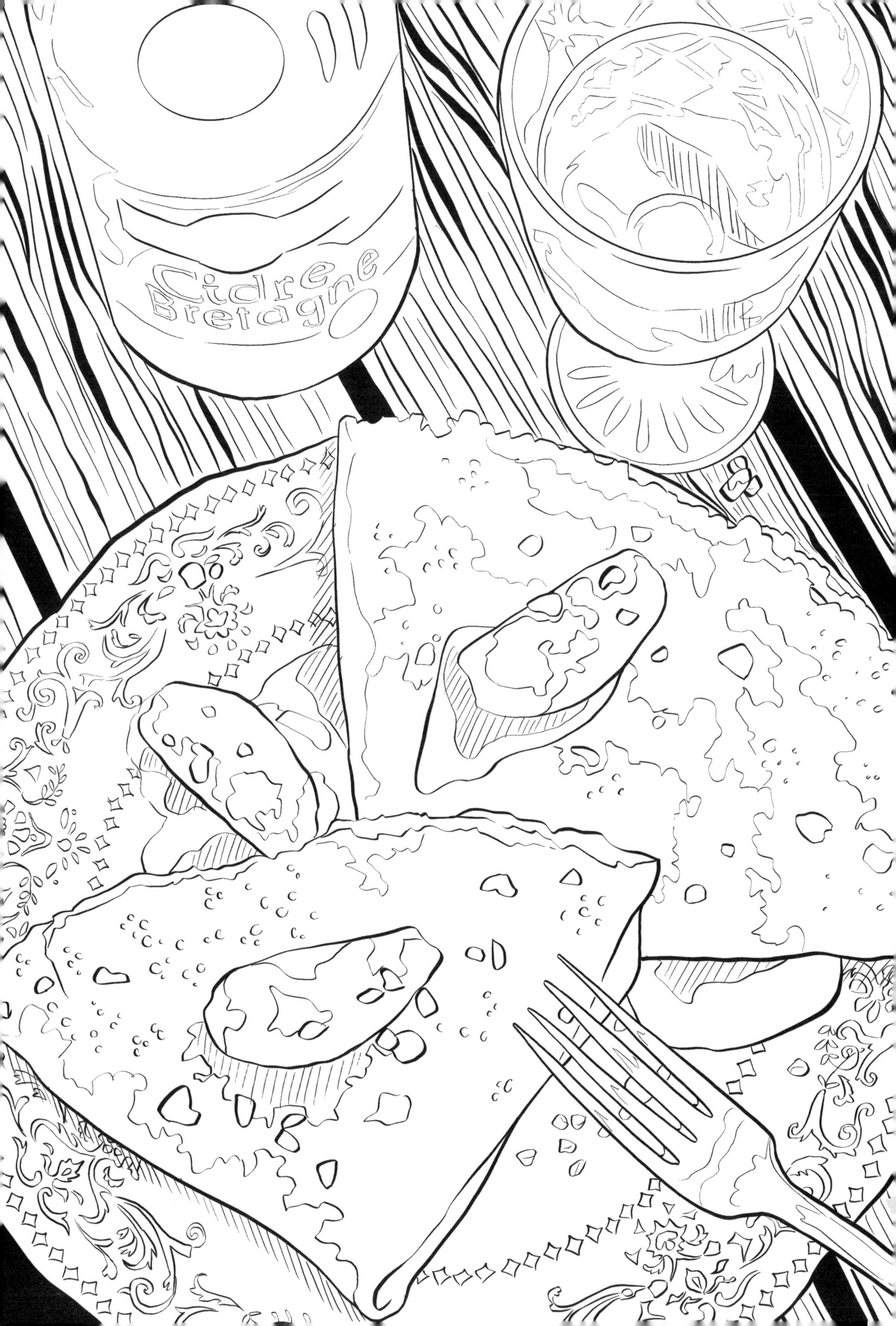
Cidre
Bretagne

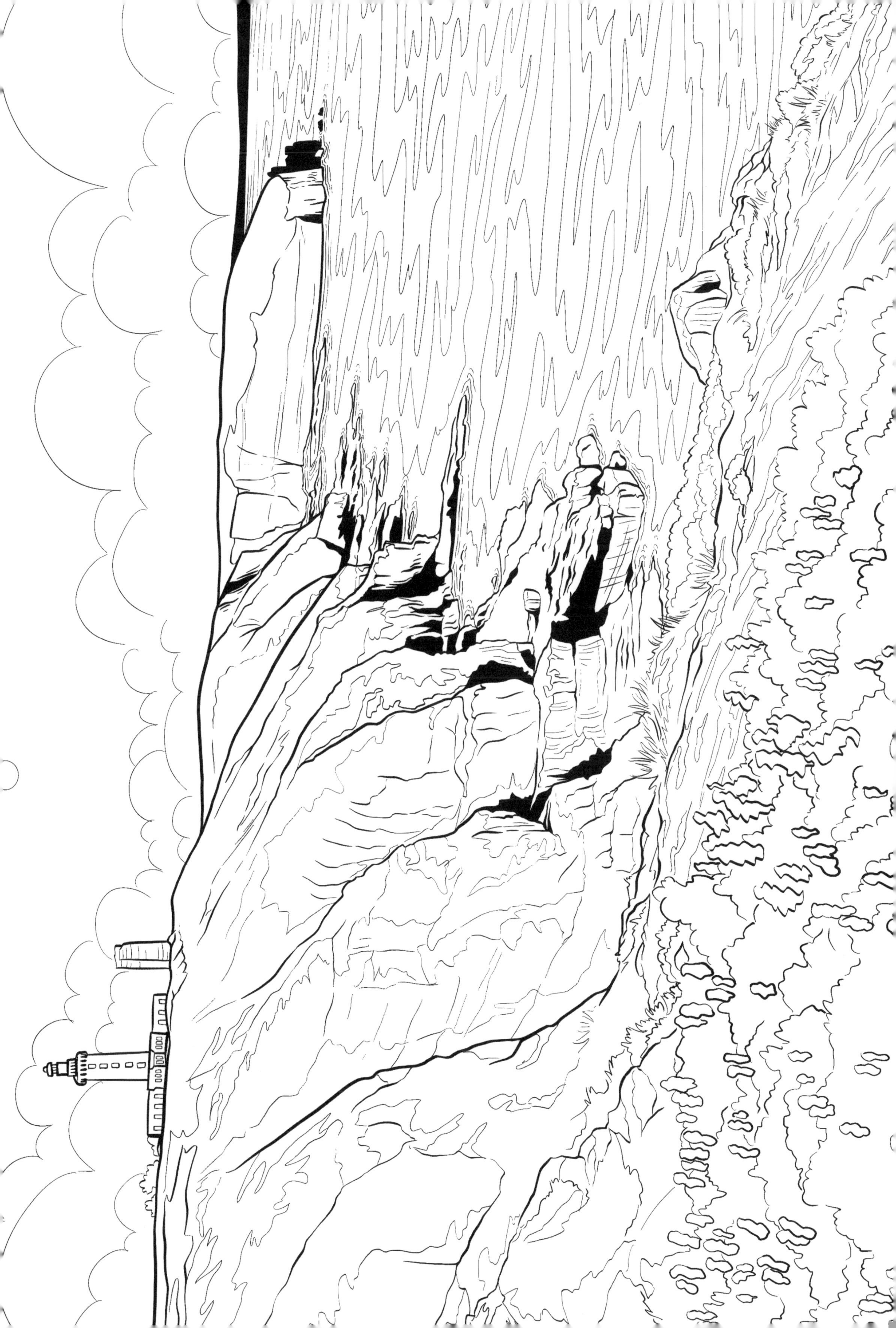

Café
Breton
CREPERIE

CRÊPES

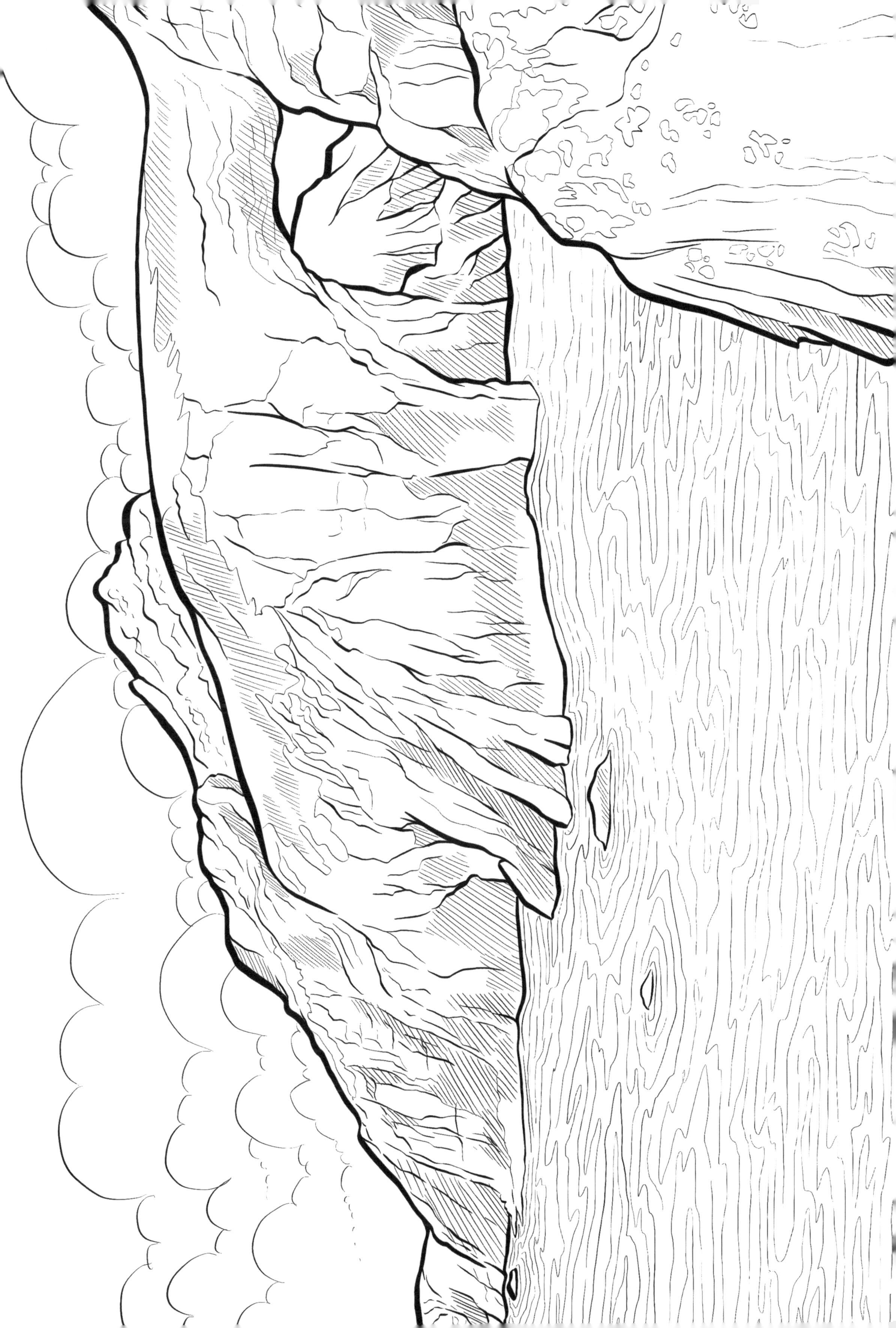

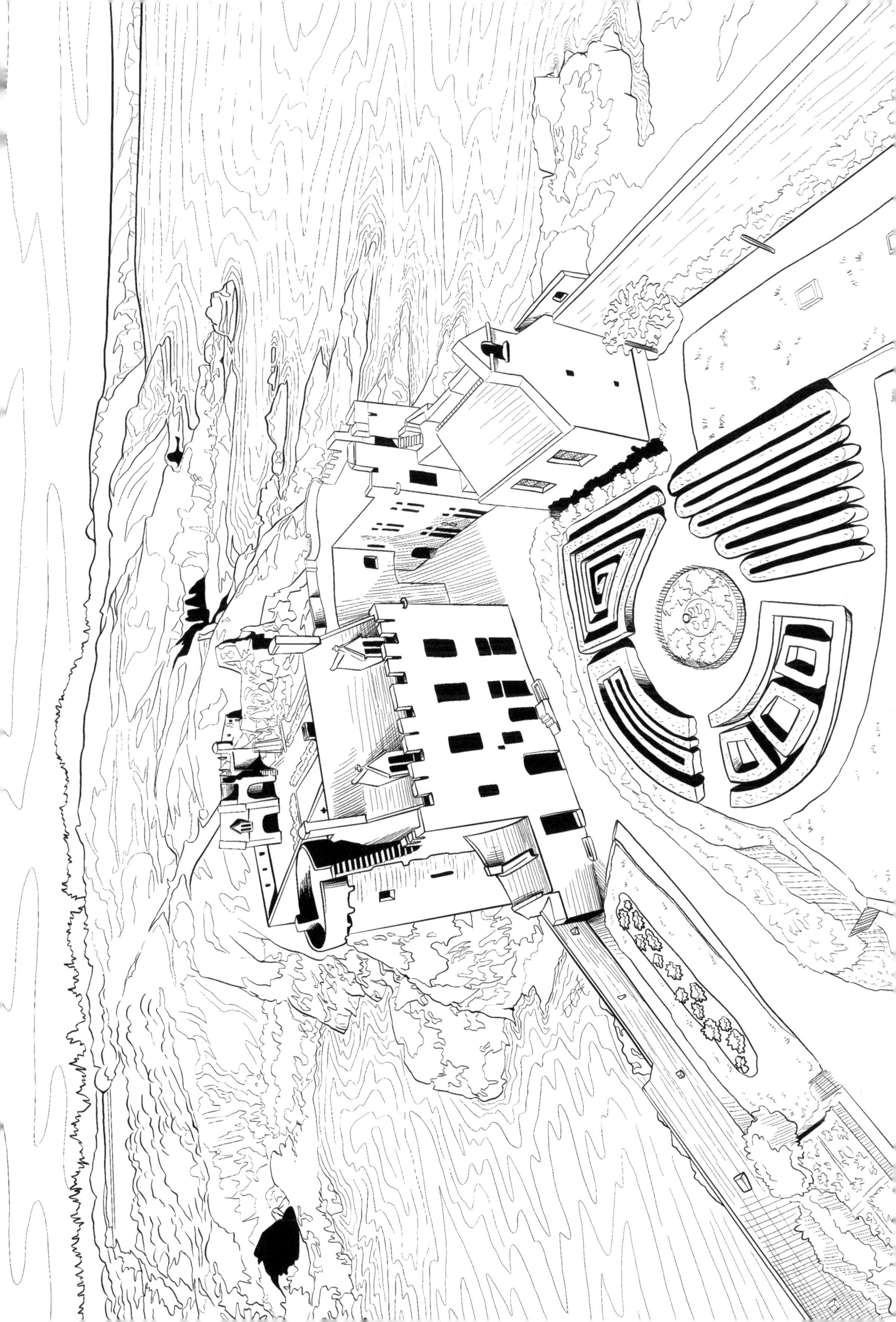